Rätsel mit dem besonderen Anspruch für Erwachsene und Querdenker

Denksport für Aufmerksamkeit, Kreativität und Intelligenz

AF205757

Seien Sie aufmerksam und achten Sie auf alle Besonderheiten in diesem Buch.

Wundern Sie sich über jede Auffälligkeit!

Sie könnte wichtig sein.

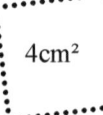

Carsten Richter

Rätsel mit dem besonderen Anspruch für Erwachsene und Querdenker

Denksport für Aufmerksamkeit, Kreativität und Intelligenz

13+11=24

Carsten Richter

Die Deutsche Nationalbibliothek verzeichnet diese Publikation in der Deutschen Nationalbibliografie; detaillierte bibliografische Daten sind im Internet über http://dnb.dnb.de abrufbar.

Illustration: Carsten Richter

Herstellung und Verlag: BoD – Books on Demand, Norderstedt

ISBN: 9-783-744-848-749

Einleitung

Das große Zahlenrätsel muss gelöst werden. Hierfür ist eine Reihe von Hinweisen nötig. Diese müssen Sie sich erarbeiten. In 50 packenden und anspruchsvollen Rätseln entdecken Sie die nötigen Voraussetzungen, damit die Aufgabe gelöst werden kann.

Jedes Rätsel stellt Ansprüche an ganz besondere Fähigkeiten. Erkennen Sie die Zusammenhänge und knacken Sie die Codes um das Spielfeld mit Hinweisen zu füllen. Beweisen Sie Ihre querdenkerischen Fähigkeiten und wählen Sie den richtigen Lösungsweg.

Das große Zahlenrätsel ist die anspruchsvollste Form dieser Art Aufgaben. Zur Übung sind drei Variationen von leicht bis schwer vorhanden. Sie sollten sich damit etwas vertraut mit diesem Rätseltyp machen.

Bevor die Rätsel beginnen erhalten Sie noch etwas Grundwissen, was zur Lösung sehr wichtig ist. Der Umgang mit römischen Zahlen und dem Binärcode ist eine elemtare Voraussetzung für Ihren Erfolg. Setzen Sie sich damit auseinander.

Außerdem hat jedes Rätsel zusätzlich einige Tipps sowie eine Lösungsprüfung. Die Tipps befinden sich immer unter der Aufgabe und müssen zur Lösung abgedeckt werden. Wenn Sie absolut keine Idee haben, dann können Sie in 3 bis 5 Schritten auf die richtige Spur gebracht werden. Aber seien Sie sparsam mit den Tipps! Sie könnten sich ärgern.

Zudem bietet jedes Rätsel eine Prüfung der Lösung an. So können Sie Ihr Ergebnis testen. Liegen Sie falsch, dann knobeln Sie weiter, ohne das richtige Ergebnis zu kennen.

Seien Sie aufmerksam! Das Buch bietet viele versteckte Hinweise und Lösungen. Hierfür müssen Sie nur Zusammenhänge erkennen und sich auf Ihr Gedächtnis verlassen. Geduld, Aufmerksamkeit und Kreativität sind dafür besonders wichtig.

Viel Erfolg!

Wissenswertes für die Aufgaben

Einige der Aufgaben beziehen sich auf römische Zahlen und dem Binärcode. Bevor Sie mit dem Lösen beginnen, sollten Sie sich damit befassen.

Römische Zahlen:

I   =1
V   =5
X   =10
L   =50
C   =100
D   =500
M   =1000

Die Zahlen werden aus diesen Bausteinen zusammengesetzt. Durch Addition und Subtraktion ist jede beliebige Zahl darstellbar.
Wenn die kleinere vor einer höheren Zahl steht, dann wird sie von der höheren Zahl abgezogen. So beispielsweise bei der 4. Sie wird als IV geschrieben. Somit rechnen Sie 5-1 und erhalten 4.
Anders die 6. Sie wird mit VI dargestellt. Rechnen Sie 5+1 und Sie erhalten 6.

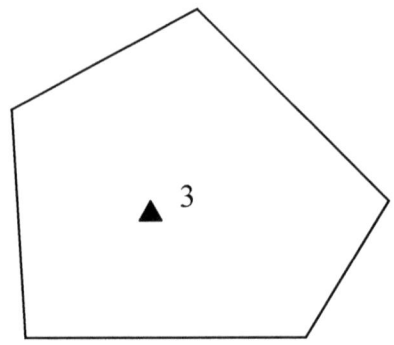

Binärcode

Sie kennen den Code aus der Computersprache. Er besteht aus Einsen und Nullen. Mit dem Binärcode können alle Zahlenwerte dargestellt werden. Am einfachsten lässt er sich an einem Beispiel erklären.

Zur Übung den Code 1101.

Sie beginnen von hinten und rechnen:

2 (für 2 Varianten im Binärcode)
Hoch Null (letzte Stelle im Code ist immer hoch Null)
= 1 (Ein beliebiger Wert hoch Null ist immer 1)
Ergebnis 1 multiplizieren Sie mit eins aus dem Code. (Die letzt Stelle der Zahlenfolge)
> ➢ Sie erhalten 1 und notieren diese Zahl.

Weiter mit der vorletzten Zahl 0:
Sie rechnen:
2 hoch 1 = 2
2 x 0 = **0**
> ➢ Sie erhalten 0 und notieren diese Zahl.

Weiter mit der drittletzten Zahl 1:
2 hoch 2 = 4
4 x 1 = **4**
> ➢ Sie erhalten 4 und notieren diese Zahl.

Weiter mit der ersten Zahl 1:
2 hoch 3 = 8
8 x 1 = **8**
> ➢ Sie erhalten 8 und notieren diese Zahl.

Nun addieren Sie alle Einzelziffern und erhalten 13, was das Ergebnis ist. Zum veranschaulichen noch einmal folgende Tabelle („^" steht für Potenz, 4^3 bedeutet 4^3):

	1	0	0	1	0
	2^4	2^3	2^2	2^1	2^0
Ergebnis:	16	8	4	2	1
Rechne:	16x1	8x0	4x0	2x1	1x0
Wert:	16	0	0	2	0

Addition: 18

	1	0	1	1	1
	2^4	2^3	2^2	2^1	2^0
Ergebnis:	16	8	4	2	1
Rechne:	16x1	8x0	4x1	2x1	1x1
Wert:	16	0	4	2	1

Addition: 23

Allgemeiner Hinweis:
Wenn Sie ein Rätsel nicht bewältigen können oder sich verwirrt fühlen, dann überspringen Sie es zunächst. Manche Hinweise gehören zu anderen Aufgaben, was Sie erst später erkennen können.

Beachten Sie:

1. Rätselbestandteile sind überall im Buch, außer in den Lösungsbereichen, und dem Cover verteilt.

2. Das Buch muss nie gedreht werden. Alle Lösungen und Zwischenschritte sind in normaler Form lesbar.

3. Jeder Hinweis des Buches ist nur auf ein Rätsel verwendbar.

4. Jedes Rätsel schließt mit einer durchgehenden Linie ab. Darunter befinden sich die Hinweise und die Lösung. Decken Sie diesen Bereich sorgfältig ab.

1. Das große Zahlenrätsel

In jeder Zeile und jeder Spalte sind die Zahlen 1-7 auf die grauen Felder verteilt. Jede Zahl ist einmal vorhanden. Finden Sie die richtige Verteilung unter Beachtung der Zeichen „<" und „>".

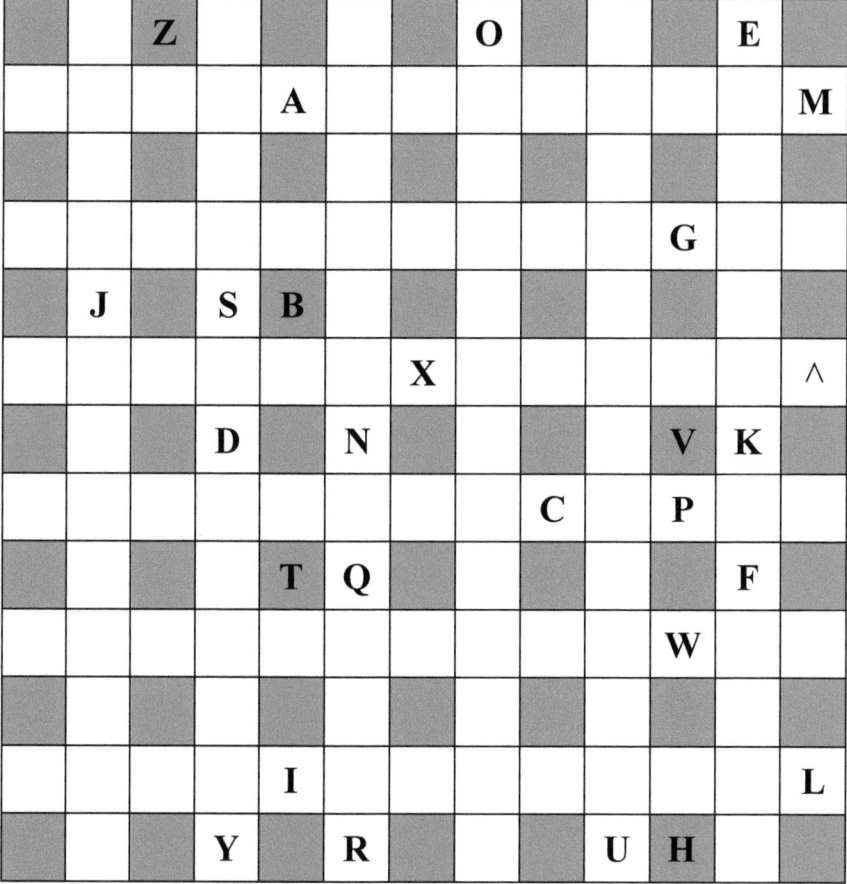

Die Lösung finden Sie auf der letzten Seite.
Hinweis: Sie kommen trotz aller gelösten Felder nicht weiter?
Ein Zahlenlogical vor der Lösung kann Ihnen noch als Hilfestellung dienen.

Nutzen Sie dieses freie Spielfeld für die Lösung des großen Zahlenrätsels.

Zahlenrätsel

Je nach Anzahl der Felder sind die Zahlen 1 bis 5 oder 1 bis 6 in den Zeilen und Spalten verteilt. Jede Zahl ist einmal vorhanden. Beachten Sie die Zeichen „<" und „>" dabei.

Übung 1

2								
				3		5		
∨								
				5			<	
				∧		∧		
	>				<		>	

Übung 2

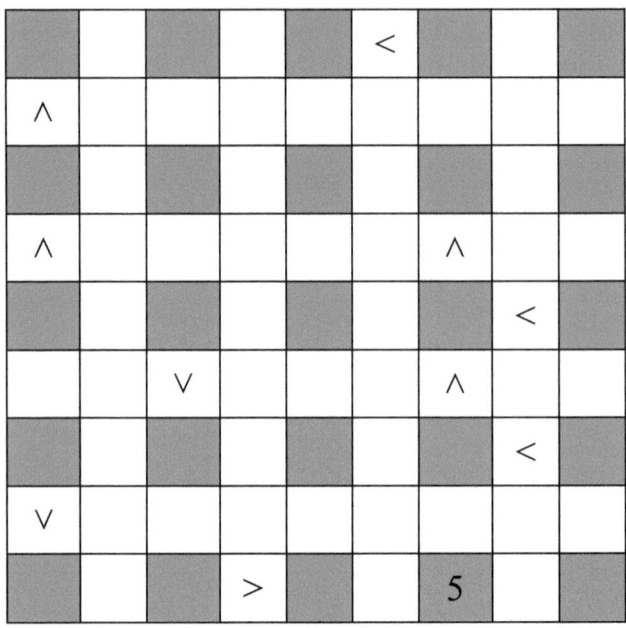

Lösung Aufgabe 1								
2		5		4		1		3
4		1		3		5		2
∨								
1		2		5		3	<	4
3		4		1		2		5
				∧		∧		
5	>	3		2	<	4	>	1

Lösung Aufgabe 2								
3		5		2	<	4		1
∧								
4		2		5		1		3
∧						∧		
5		3		1		2	<	4
		∨				∧		
2		1		4		3	<	5
∨								
1		4	>	3		5		2

Übung 3

Lösung Aufgabe 3										
6		2		5		3		4		1
∨		∨								
4		1		6		2	<	3		5
∨		∧								
1		3	<	4		6	>	5	>	2
		∧								
2		5		3		1		6	>	4
										∨
5		6		1		4		2	<	3
		∨		∧		∧				
3	<	4		2	<	5		1		6

- 9 -

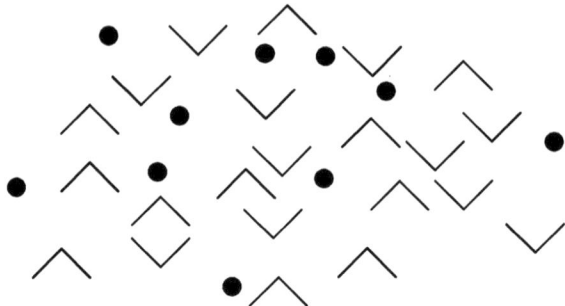

1. Es ist eine geometrische Lösung.
2. Selektieren Sie das richtige Symbol mit 5 Geraden.
3. Das richtige Symbol liegt im gezeichneten Fünfeck.
4. Das Buch liefert die richtige Figur.
5. Schauen Sie auf das Cover.
Prüfung: 5 Geraden verbinden jeweils 2 Punkte und kreuzen sich mehrfach.
Das richtige Symbol ist einzeln und im Inneren der Figur.

Lösung: Auf dem Cover befinden sich in einer Figur mit 10 Punkten. Diese haben exakt die gleiche Anordnung wie die Punkte des Rätsels. Das muss erkannt werden. Die Verbindung dieser Punkte wird nun auf das Rätsel übertragen. Das Lösungssymbol liegt im Inneren der Figur. Es ist das Zeichen für "das obere Feld ist größer als das untere Feld."

$$(\underline{\quad} + \underline{\quad}) / \underline{\quad} = B$$

1. Die folgenden 3 Rätsel ergeben drei Zahlen.
2. Es müssen drei Zahlen in der Aufgabe verteilt werden.
3. Das Ergebnis muss eine ganze Zahl von 1 bis 7 sein.
4. Es gibt 2 mögliche Verteilungen mit demselben Ergebnis.
Prüfung: Die beiden größten Zahlen stehen in der Klammer und ergeben das Quadrat des Divisors der Aufgabe.

Lösung: Sie müssen die Zahlen 14, 11 und 5 verteilen. Da auf dem Feld nur ganze Zahlen von 1 bis 7 verwendet werden, kann es nur zwei Verteilungen bei den vorgegebenen Rechenzeichen geben. Die Summe aus 11 und 14 wird durch 5 geteilt. Sie errechnen das Ergebnis 5.

W + M - C + K - F = ___

1. Eine Kettenaufgabe führt zur Lösung.
2. Die Zahlen der Kettenaufgabe sind im Buch verteilt.
3. Die Buchstaben sind ein wichtiger Hinweis auf den Ort der Zahlen.
4. Die Rätsel sind mit Buchstaben nummeriert.
5. Die Zahlen werden im Binärcode dargestellt.
Prüfung: Die Quersumme der Lösungszahl ist 5.

Lösung: Die Buchstaben stehen für die entsprechenden Rätsel. Wenn Sie auf die Seiten der Rätsel blättern, dann werden Sie im Hintergrund Binärcodes erkennen. Diese befinden sich nur auf den Seiten der Rätsel in dieser Aufgabe. Daraus ist der Zusammenhang ersichtlich. Setzen Sie die Zahlen des Codes ein und Sie erhalten die Aufgabe: 29+46-67+19-22=5.

Zahl B2

Hinweis: Einer von 2 Summanden bleibt unverändert.

| 1. Ein wichtiger Hinweis ist im Buch versteckt. |
| 2. Suchen Sie eine Additionsaufgabe mit 2 Summanden. |
| 3. Verbinden Sie die richtigen Punkte. |
| 4. Zahlen der oberen Reihe gehören zu Zahlen der unteren Reihe. |
| 5. Die Lösung ist eine römische Zahl. |
| Prüfung: Die Quersumme der Lösungszahl ist 5. |

Lösung: Am Beginn des Buches sehen Sie die Aufgabe: 13+11=24. Im Hinweis lesen Sie, dass ein Summand unverändert bleibt. Aus dem Hinweis ist auf eine Addition zu schließen und was Sie zu tun haben. Bei der konstanten Zahl kann es sich nur um die 11 handeln, da der andere Summand ein Teil der oberen Reihe ist. Wenn Sie nun von jeder Zahl, welche mit elf eine Summe in der unteren Reihe ergibt, eine Linie zu dieser Summe ziehen, dann lesen Sie die Lösungszahl XIV. (13+11=24, 40+11=51, 3+11=14, 21+11=32 (2x)).

$$\square + \triangle = x$$

$$\bigcirc + \square = \square + \bigcirc$$

$$\square + \triangle - \bigcirc = B3$$

$$\triangle - \bigcirc = IV$$

$$\square - \triangle = \triangle - \bigcirc$$

1. Variablen können mit Gleichungen gelöst werden.
2. 3 Variablen benötigen mindestens 3 Gleichungen zur eindeutigen Lösung.
3. Variablen können Figuren sein.
4. Manche Zahlen sind römische Ziffern.
5. Lösen Sie das Gleichungssystem.
Prüfung: Die Quersumme der Lösungszahl ist 2.

Lösung: Gegeben sind 5 Gleichungen. 3 Gleichungen sind für eine Berechnung brauchbar. Eine Gleichung hat als Ergebnis B3 zu stehen, was auf die Lösungsaufgabe schließen lässt. Alle anderen Gleichungen weisen direkt oder indirekt ein konkretes mathematisches Ergebnis auf. Lösen Sie das Gleichungssystem und Sie erhalten folgende Werte: Viereck=7, Dreieck=3 und Kreis =-1. Geben Sie die Werte in die Lösungsaufgabe ein und Sie errechnen: 7+3-(-1)=11.

Feld C

1000011

1. Die richtige Zahl verweist auf das richtige Zeichen.
2. Ihre Aufmerksamkeit ist gefragt.
3. Achten Sie auf einen Teil des Buches, welchen Sie sonst ignorieren.
4. Der Hinweis steht auf dieser Seite.
5. Suchen Sie eine Zahl, welche auf den ersten Blick nicht stimmt.
Prüfung: Die Quersumme der Lösungszahl ist 15.

Lösung: Betrachten Sie die Seitenzahl. Es ist Seite 15 an der Reihe und die Zahl 78 ist abgebildet. Daraus ist zu schließen, dass die 78 die Lösungszahl ist. Suchen Sie den Binärcode der Zahl. Hinter dem Code (1001110) ist das richtige Zeichen für „oben ist größer als unten" abgebildet.

Feld D

50°5' N / 14°25' O

47°30' N / 19° 3' O   53°7' N / 18° 0' O

---

1. N steht für Norden.
2. Ein Atlas ist hilfreich.
3. Es handelt sich um Koordinaten.
4. Die Städte haben eine bestimmte Ausrichtung.
5. Verbinden Sie die Städte mit Linien.

Prüfung: Sie erhalten die Positionen einer tschechischen, polnischen und bulgarischen Stadt.

Lösung: Bei den 3 Angaben handelt es sich um Koordinaten. Das sollte aus den Angaben N (Norden) und O (Osten) ersichtlich sein. Die Koordinaten stehen für die Städte Prag, Budapest und Bydgoszcz. Auch ohne die Städte ist eine Lösung möglich. Hierzu müssen Sie einfach die Koordinaten auf einer Karte markieren. Verbinden Sie diese Städte (oder die Koordinaten) auf einer Karte. Sie erhalten ein Symbol. Es ist ein Dreieck. Auf dem Cover erhalten Sie den Hinweis, dass auch ein Dreieck entsprechend als < oder > zu werten ist. Das Symbol steht für „ das linke Feld ist kleiner als das rechte Feld".

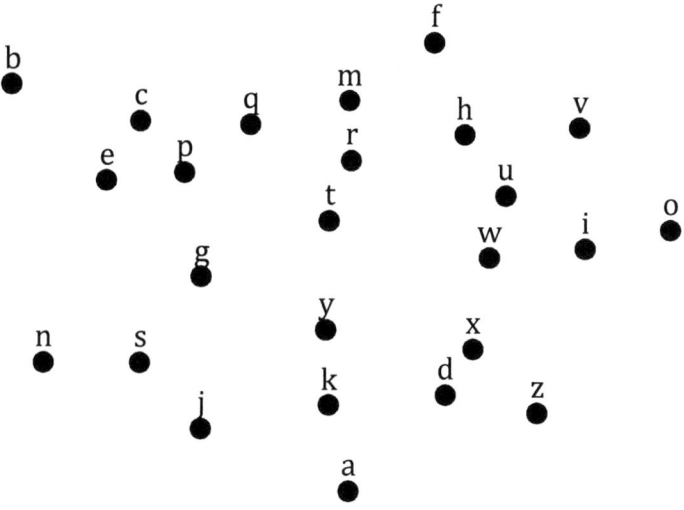

1. Überprüfen Sie die gesamte Seite genau.
2. Ein weiß geschriebenes Kürzel zeigt den richtigen Weg.
3. Die Buchstaben stehen für ein Wort.
4. Chemie
5. Die Lösung ist geometrisch.
Prüfung: Sie zeichnen das richtige Symbol durch das Verbinden von 6 Buchstaben.

Lösung: Im grauen Feld stehen ganz rechts die Buchstaben „Ra". Diese sind das chemische Symbol für Radium. Verbinden Sie nun diese Buchstaben in der geschriebenen Reihenfolge. Sie sehen die Lösung für „das linke Feld ist größer als das rechte Feld".

Feld F

Die Felder 3 und 4 ergeben die Summe 9.
Die Summe der Felder 1 und 6 ist 7.
Feld 2 ist das Doppelte von Feld 7.
Neben Feld 4 steht der Vorgänger.
Feld 7 ist der Nachfolger von Feld 3.
Feld 3 ist die Hälfte von Feld 4.
Die Felder 1 und 5 ergeben das Produkt 35.

0010110

4+3 ___ 6+5

---

1. Jedes Viereck erhält einen Wert.
2. Fassen Sie die Sätze in Formeln.
3. Beginnen Sie mit den Feldern 2, 7, 3 und 4.
4. Faktor x Faktor = Produkt.
5. Die Lösung ist das Zeichen der Ungleichung.
Prüfung: Ein Wert der Ungleichung ist 9 und der andere Wert ist 5.

Lösung: Sie müssen die Felder mit Zahlen belegen. Hierzu lösen Sie zuerst die Felder 3 und 4 auf. Feld 3 ist die Hälfte von Feld 4 und beide Felder ergeben die Summe 9. Die Felder 2 und 7 sind jetzt berechenbar. Neben Feld 4 ist nur das Feld 5 nicht belegt. Dort ist der Vorgänger zu finden. Von Feld 5 schließen Sie auf Feld 1 und von Feld 1 auf Feld 6. Sie erhalten so die Zahlen: 7 8 3 6 5 0 4. Die Lösungsungleichung ist: 9>5. Somit ist das Lösungszeichen ermittelt.

Hinweis: SWS
Hinweis: G1, G2 und G3 müssen Sie zuerst lösen

a=__,_____   γ=___ °

b=___

---

1. Es gibt eine Lösungszahl mit Dezimalstellen.
2. Kongruenzsätze
3. Die Beschriftung eines Dreieckes erfolgt nach Regeln.
4. Finden Sie einen Hinweis zur Position der Seiten und Winkel.
5. Das Cover gibt den richtigen Ansatz.
Prüfung: Das Ergebnis ist ein rechtwinkliges Dreieck dessen Seite a nach oben zeigt.

Lösung: SWS ist ein Hinweis auf die Konstruktion eines Dreieckes und steht für Seite-Winkel-Seite (Kongruenzsätze). Mit den Werten a=5,657 cm, b=4 cm und γ=45° können Sie ein eindeutiges Dreieck zeichnen. Entscheidend ist dabei die Lage. Hierzu finden Sie auf dem Cover eine Abbildung des Winkels β. Aufgrund der Beschriftungsrichtlinien für Dreiecke sind somit die Seiten und Winkel zuweisbar. Mit den gegebenen Werten konstruieren Sie das Symbol für das Zeichen „oben größer als unten".

Zahl G1

$\gamma = 00000101101$

1. Manchmal ist die Lösung ganz einfach.
2. Lösen Sie den Code auf.
3. Es ist ein Binärcode.
Prüfung: Die Quersumme ist 9.
Lösung: Lösen Sie den Binärcode auf und Sie erhalten das Ergebnis 45.

3	6	___	___	48	
1	3	9	___		
5	10	20	___	___	
2	4	8	___	___	
7	21	___			
6	___	54	162		

8	42	32	78	26	20	58	90	95	85
23	33	12	19	91	87	23	61	10	77
50	35	40	15	27	88	28	17	24	56
45	39	16	91	97	80	59	18	28	26
51	11	25	48	52	13	63	81	43	82
62	19	64	55	93	60	31	66	60	39
64	66	14	74	36	44	50	99	42	36
70	42	21	19	38	59	70	78	49	90

1. Finden Sie die fehlenden Zahlen.
2. Es sind immer Vielfache.
3. Die richtigen Zahlen sind auf dem Zahlenfeld.
4. Die Lösung ist zeichnerisch.
5. Lesen Sie die Lösung nachdem Sie die Zahlen markiert haben.
Prüfung: Die Quersumme der Lösung ist 4.

Lösung: Jede Zahlenreihe muss zuerst vervollständigt werden. Die erste, dritte und vierte Reihe werden durch Verdopplung ergänzt. Die zweite, fünfte und sechste Reihe ergänzen Sie durch Verdreifachung. Die Lösungszahlen: 1. Reihe: 12,24 / 2. Reihe: 27 / 3. Reihe: 40,80 / 4. Reihe 16,32 / 5. Reihe 63 / 6. Reihe: 18. Wenn Sie die Zellen dieser Zahlen auf dem Zahlenfeld markieren, dann können Sie die römische Zahl für 4 lesen.

12. , 9. 12. 2.

| 1. Erkennen Sie diesen Code? |
| 2. Das Buch bietet die Lösung. |
| 3. Kontrollieren Sie das Cover. |
| 4. Jedes Buch hat diesen Code. |
| 5. In der Aufgabe sind Positionen gegeben. |
| Prüfung: Die Summe der Lösungszahlen ist 23 |

Lösung: Die Lösung ist der Barcode auf der Rückseite des Buches. In der Aufgabe ist nur der Teil der Striche abgebildet. Es ist der gleiche Code wie auf dem Cover. Wenn Sie dies erst einmal erkannt haben, dann ist die Lösung simpel. In der Aufgabe stehen nacheinander die 12. Zahl und ein Komma, gefolgt von der 9., der 12. und der 2. Zahl. Setzen Sie die Zahlen aus dem Barcode ein und Sie erhalten die Lösung: 5,657.

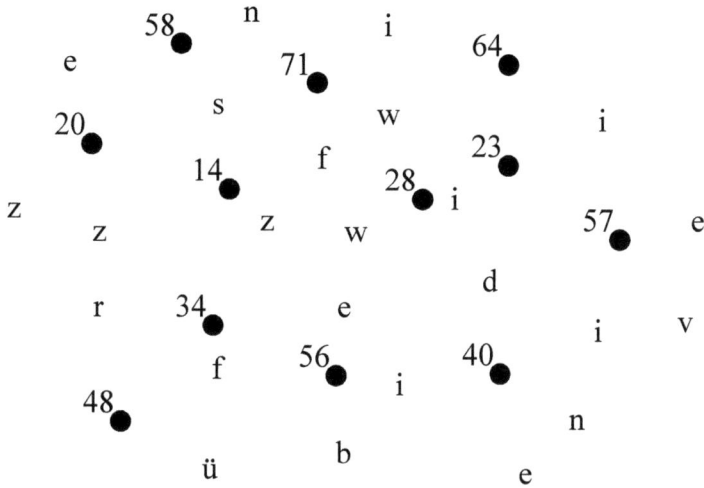

1. Suchen Sie die 3 Zahlen.
2. Die Lösung erfolgt zeichnerisch.
3. Verbinden Sie alle Zahlen.
4. Die Lösung ist in der Figur.
5. Sortieren Sie die Buchstaben.
Prüfung: Die Lösung ist eine Primzahl.

Lösung: Verbinden Sie die Lösungszahlen 14-23-56 miteinander. Es entsteht ein Dreieck. Im Inneren der Figur sehen Sie die Buchstaben z, w, e und i. Die Lösung ist 2.

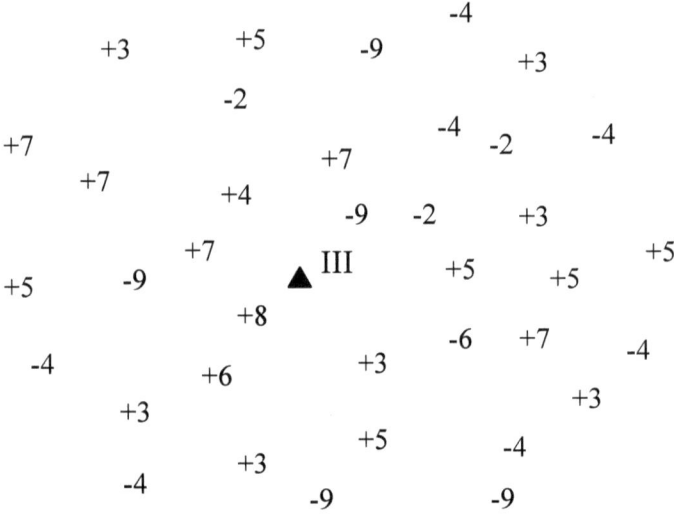

1. Wählen Sie die richtigen Zahlen für Ihre Berechnung.
2. Eine bestimmte Figur kann Ihnen helfen.
3. Den Hinweis finden Sie im Buch.
4. Das Dreieck ist eine Hilfe zum Anlegen.
5. Die richtigen Zahlen sind in der Figur.
Prüfung: Die Quersumme ist 5.

Lösung: Auf Seite 2 unter „Wissenswertes für die Aufgaben" ist eine Figur abgebildet. Dass diese Figur mit dieser Aufgabe zu tun hat ist an der Zahl und an dem Dreieck zu erkennen. Ein gewisser Wiedererkennungswert muss gesehen werden. Platzieren Sie die Figur um die Zahl in dieser Aufgabe. Zur korrekten Positionierung orientieren Sie sich an dem Dreieck. Wenn Sie die Zahlen im Inneren der Figur ausrechnen, dann erhalten Sie das Ergebnis 23.

Zahl H2

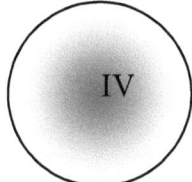

1. Der Hinweis sagt einiges aus.
2. Erzeugen Sie einen schwarzen Kreis mit der Figur in der Aufgabe.
3. Das Gegenstück zeigt das Buch.
4. Ergänzen Sie die Bestandteile der römischen Zahl.
5. Legen Sie die Kreise übereinander.
Prüfung: Die Quersumme ist 5.

Lösung: Der Hinweis deutet einen voll gefüllten Kreis an. Der Kreis der Aufgabe ist jedoch nur hälftig gefüllt. Sie müssen also das Gegenstück finden, welches auf dem Cover ist. Legen Sie die Kreise exakt übereinander und die römischen Zahlen ergänzen sich zur XIV. Die Lösung ist 14.

Zahl H3

$$\searrow + \lambda + \frown - \nwarrow = H3$$

$$\lambda + \searrow = 46$$

$$\frown - \nwarrow + \searrow = 26$$

$$\frown + \lambda - \searrow = 39$$

1. Finden Sie die richtigen Werte für die Zeichen.
2. Ein Wert ist gegeben.
3. Den Wert zeigt das Buch.
4. Suchen Sie gründlich.
5. Berechnen Sie die Zeichenvariablen.
Prüfung: Die Quersumme ist 11.

Lösung: Auf Seite 6 ist ein Symbol mit einem römischen Zahlenwert versehen. Der Doppelpfeil nach links und rechts hat den Wert 30. Mit diesem Wert können Sie die anderen Symbole leicht errechnen. Wenn Sie alle Werte errechnet haben, dann setzen Sie diese in die Gleichung ein und erhalten 56 als Lösung.

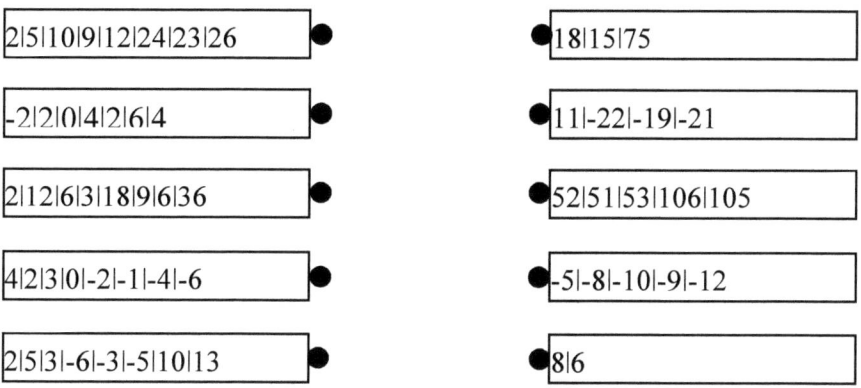

2|5|10|9|12|24|23|26 ● ●18|15|75

-2|2|0|4|2|6|4 ● ●11|-22|-19|-21

2|12|6|3|18|9|6|36 ● ●52|51|53|106|105

4|2|3|0|-2|-1|-4|-6 ● ●-5|-8|-10|-9|-12

2|5|3|-6|-3|-5|10|13 ● ●8|6

1. Sie zeichnen das Symbol.
2. Führen Sie die Zahlenfolgen fort.
3. Nicht jede Zahlenfolge hat ein passendes Gegenstück.
4. Sehen Sie genau hin und Sie wissen wie das Zeichen aussehen muss.
5. Das Lösungszeichen ist eine geschlossene Figur.
Prüfung: 3 Zahlenfolgen können zugeordnet werden.

Lösung: Die Zahlenfolgen haben folgende Algorithmen:
1. Folge (+3, x2, -1), 2. Folge (+4, -2), 3. Folge (x6, /2, -3), 4. Folge -2,+1,-3,
5. Folge (+3,-2,x-2). Verbinden Sie die zweite Zahlenfolge links mit der
fünften rechts. Verbinden sie die vierte Folge links mit der vierten rechts.
Verbinden Sie die fünfte Folge links mit der zweiten rechts. Jetzt besteht das
Problem, dass einmal ein Zeichen nach unten zeigt und ein weiteres Zeichen
deutet (als Dreieck) in die entgegengesetzte Richtung. In der Überschrift ist
erkenntlich, dass das gesuchte Zeichen ein geschlossenes Dreieck ist. Die
Lösung ist das Zeichen für „unten ist größer als oben".

	A	B	C	D	E	F	G
34	<	>	>	<	>	<	>
26	>	>	>	<	<	>	>
51	<	>	<	>	>	<	>
18	>	>	>	<	<	>	<
69	<	>	<	>	>	<	>
70	>	<	>	<	>	>	<
15	<	>	<	>	<	>	<

1. Zahl und Buchstabe markieren ein Feld.
2. Suchen Sie die richtige Spalte und die richtige Zeile.
Prüfung: -

Lösung: Spalte C und Zeile 69 treffen sich in einem Punkt. Dort sehen Sie das Zeichen für „links ist kleiner als rechts".

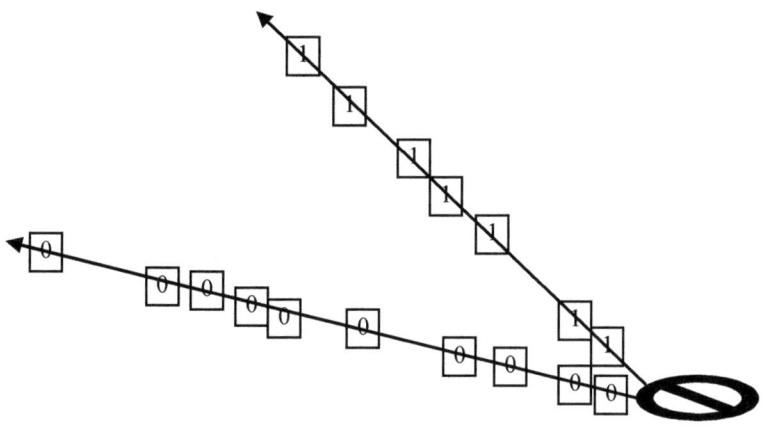

| — | | | — | —

---

1. Durchtrennen Sie die Pfeile an der richtigen Stelle.
2. Die Lösung hat eine kleine Anzahl von Einsen und Nullen.
3. Durchsuchen Sie aufmerksam das Buch.
4. Zeichnen Sie eine Linie.
5. Verteilen Sie die gewählten Einsen und Nullen auf die Lösung.

Prüfung: Die Quersumme ist 15

Lösung: Am Anfang des Buches finden Sie das gleiche Symbol und zwei Punkte. Übertragen Sie die Punkte auf diese Seite. Es ist wichtig, dass Sie genau die gleiche Position zum Zeichen einnehmen. Wenn Sie beide Punkte verbinden, dann durchtrennen Sie die Zahlenpfeile. Für die Lösung stehen Ihnen 3 Einsen und 5 Nullen zur Verfügung. Somit stehen die waagerechten Striche für die 1 und die senkrechten Striche für die Null. Sie erhalten den Binärcode: 01000101. Er steht für die Zahl 69.

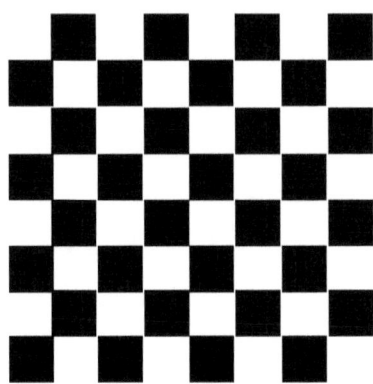

SWHRCVNGHBMHASGZCVKHH

---

1. Ein Buchstabe ist gesucht.
2. Ein Wort mit 6 Buchstaben.
3. Ein Spielbrett ist abgebildet.
4. Die richtigen Buchstaben bilden das Lösungswort.
5. Die Zahl 4 kann helfen.
Prüfung: Das Lösungswort hat einen Selbstlaut.

Lösung: Abgebildet ist ein Schachbrett. Die Lösung ist ein Wort, was der Vordruck für 6 Buchstaben vermuten lassen könnte. In der Buchstabenreihe ist das Wort Schach versteckt, in der richtigen Reihenfolge. Als Hilfestellung gehört jeder vierte Buchstabe zur Lösung. Durchaus könnte man aufgrund der 4 schwarzen Felder in den Spalten und Zeilen einen solchen Versuch vermuten. Das „C" des Wortes ist gesondert markiert, weshalb dieses zur Lösung gehört.

Feld K

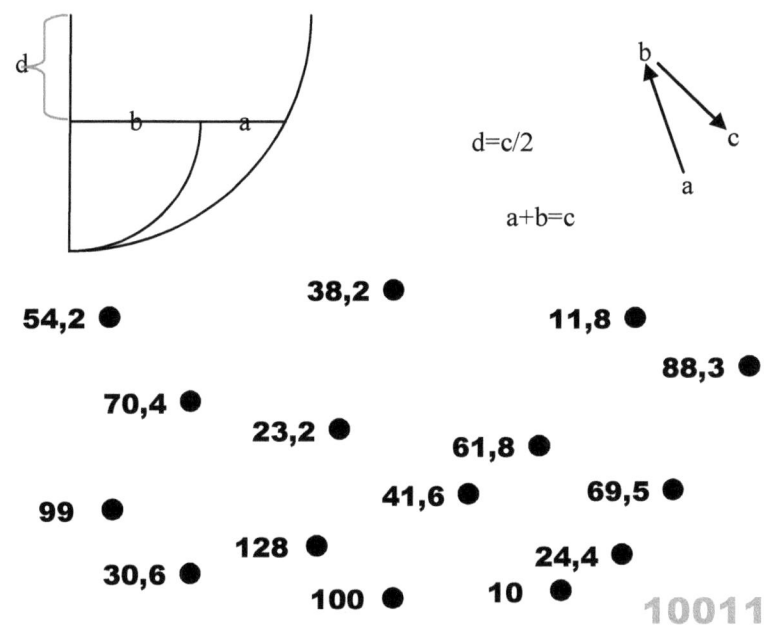

$d=c/2$

$a+b=c$

	38,2 ●		**11,8** ●	
54,2 ●				
				88,3 ●
70,4 ●				
	23,2 ●	**61,8** ●		
99 ●		**41,6** ●	**69,5** ●	
30,6 ●	**128** ●		**24,4** ●	
	100 ●	**10** ●		10011

---

1. Die Konstruktion stellt eine Besonderheit dar.
2. In welchem Verhältnis stehen die Strecken?
3. Der goldene Schnitt
4. Die richtige Reihenfolge zum Verbinden der Zahlen wird gezeigt.
5. Sie zeichnen die Lösung.

Prüfung: Die Summe der verbunden Zahlen ist 200.

Lösung: Die Konstruktion stellt den goldenen Schnitt dar. Das muss erkannt werden. Dieser besagt: a/b=b/(a+b). a+b wird mit c gekennzeichnet. Die Konstruktion orientiert sich an der „Inneren Teilung nach Euklid". Ist das erst einmal erkannt, ist die Abbildung mit den Pfeilen rechts wichtig. Sie beginnen von der kleinen, zur mittleren und dann zur höchsten Zahl. Die einzigen Zahlen in dem entsprechenden Verhältnis sind: 38,2 / 61,8 / 100. Das sind die klassischen Zahlen zur mathematischen Darstellung. Verbinden Sie die Punkte der Zahlen und es entsteht das Zeichen für „links größer als rechts".

H	A	U	S	P	N	E	U	M	U
F	U	K	S	E	A	N	D	A	D
U	T	S	Z	C	E	N	B	N	E
A	A	R	C	I	H	T	A	N	T
L	E	M	L	S	S	W	E	S	T
K	O	A	I	E	B	H	A	B	I
T	T	I	N	T	E	L	I	R	G
I	G	E	F	A	H	R	A	R	Z
G	S	U	C	H	E	N	F	H	O

1. Sie benötigen zwei Lösungsworte.
2. Jedes Symbol steht für ein Wort.
3. Der erste Gedanke stimmt bei keinem Zeichen.
4. Nur die Schräglage des Schuhs lässt die Lösung vermuten.
5. Die Zeichnung der gewellten Linie hat eine gesuchte Eigenschaft.
6. Beide Lösungsworte verlaufen diagonal.
Prüfung: Jedes Lösungswort hat 7 Buchstaben.

Lösung: Der Schuh steht für Italien. Das Land hat eine ähnliche Position und sieht aus wie ein Stiefel. Die Linie ist schwarz. Italien beginnt beim vorletzen Feld der linken Spalte und verläuft rechts hoch. Schwarz beginnt vom vierten Feld der zweiten Zeile und verläuft nach rechts unten. Die Form zeigt das Zeichen für „unten größer als oben".

000101110

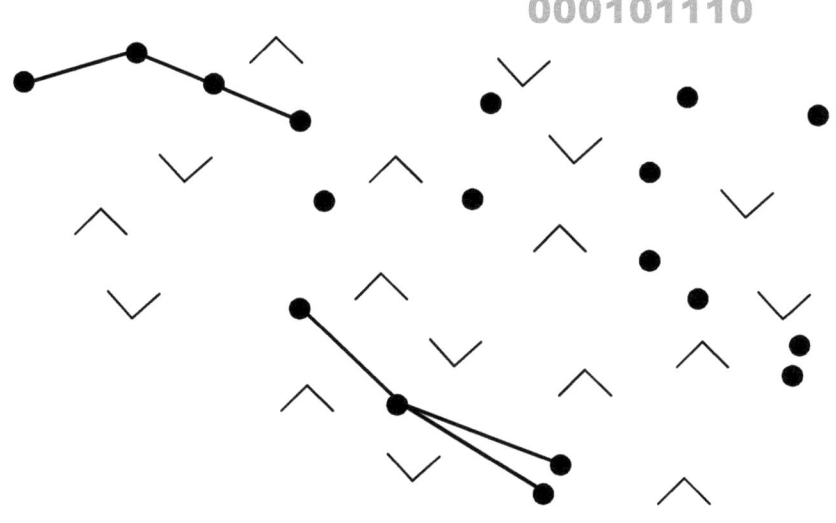

1. Die schwarzen Punkte müssen weiter verbunden werden.

2. Das Bild ist sehr bekannt.

3. 2 Figuren sind abgebildet.

4. Megrez

5. Der große Wagen

Prüfung: Am Lösungsviereck endet in einer Ecke eine vorgegebene Linie und es ist breiter als hoch.

Lösung: Sie sehen die Positionen von Sternen. Wenn Sie einmal in die Richtung gedacht haben, dann werden Sie schnell auf das Sternbild des großen Wagen und des großen Bären kommen. Wenn Sie die Punkte entsprechend verbinden entsteht ein Viereck im Bild. Laut Hinweis liegt darin das richtige Zeichen. Es ist das Zeichen für „unten ist größer als oben".

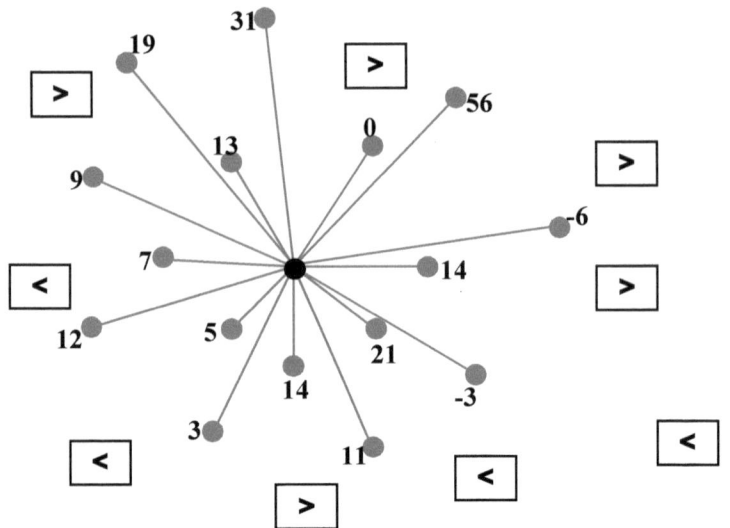

1. Ziehen Sie die richtigen Linien nach.
2. Starten Sie immer im Zentrum.
3. Die Figur erfüllt eine Funktion.
4. Die Figur deutet auf etwas.
5. Verlängern Sie die Richtung der Figur.
Prüfung: Ein Pfeil deutet direkt auf ein Zeichen.

Lösung: Sie haben die 3 Lösungsziffern 7, 9 und 13 errechnet. Verbinden Sie diese nun mit dem schwarzen Punkt im Zentrum. So entsteht ein Pfeil. Dieser deutet auf das Lösungsfeld. Sie können den Pfeil auch mit einem Lineal verlängern und werden genau das Lösungsfeld kreuzen. Es ist das Zeichen für „links ist kleiner als rechts".

Zahl N1

- In jeder Zeile und jeder Spalte werden die Ziffern 1-5 verteilt.
- Benachbarte Felder mit einer fetten Trennlinie haben eine Differenz von 1.
- Benachbarte Felder mit einer normalen Linie haben eine Differenz von >1.
- Sie haben ein Ersatzfeld für Probeversuche.

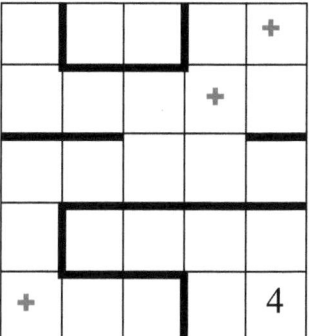 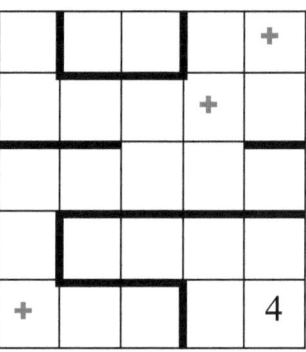

$$\underline{\quad} + \underline{\quad} + \underline{\quad} = N1$$

1. Im Spielfeld sind 3 Felder markiert.
2. Die Summe aus 3 Zahlen ist die Lösung.
3. Die fünfte Spalte ist sofort lösbar.
4. Sie haben 2 Spielfelder für mehrere Versuche.
Prüfung: Die Quersumme ist 7.

Lösung: Die Zahlen sind auf die Zeilen wie folgt verteilt:
1.Zeile: 2, 1, 4, 3, 5   2.Zeile: 4, 2, 5, 1, 3   3.Zeile: 5, 3, 1, 4, 2
4. Zeile: 3, 4, 2, 5, 1   5. Zeile: 1, 5, 3, 2, 4
Die Lösung lautet: 1+1+5=7

11

5

3

7

2

17

| 1. Alle Zahlen haben eine Gemeinsamkeit. |
| 2. Ordnen Sie die Zahlen nach der Größe. |
| 3. Welche Zahl fehlt in der Folge? |
| 4. Es gibt eine besondere Art von Zahlen. |
| 5. Primzahlen |
| Prüfung: Die Quersumme ist 4. |

Lösung: Die Zahlen lauten 2, 3, 5, 7, 11, 17. Das sind Primzahlen. Die 13 fehlt in der Folge und ist auch die Lösungszahl. Dass es diesmal nichts zu zeichnen gibt ist daran zu erkennen, dass überhaupt keine Punkte zum Verbinden vorhanden sind.

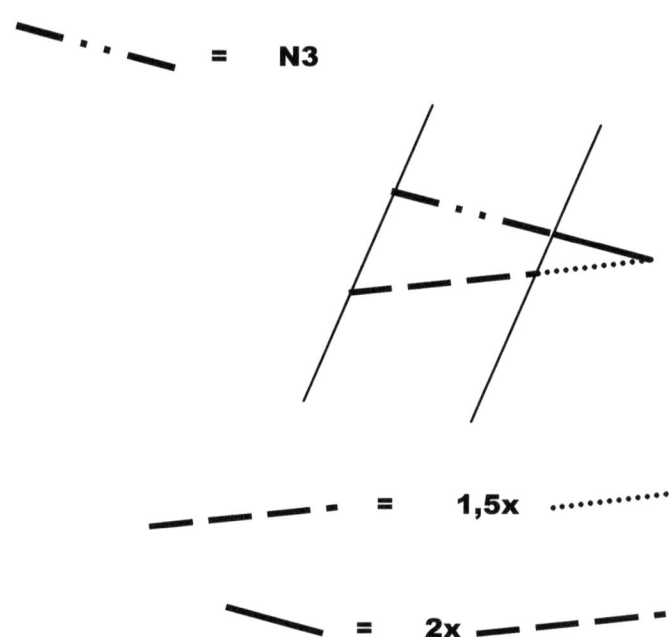

= **N3**

= **1,5x**

= **2x**

1. Eine Länge müssen Sie kennen.
2. Suchen Sie die Länge einer Strecke.
3. Die gepunktete Linie ist im Buch gegeben.
4. Die Lösungsstrecke ergibt sich aus Leersätzen der Geometrie.
5. Strahlensätze.
Prüfung: Die Quersumme ist 9.

Lösung: Gleich am Buchbeginn ist ein Quadrat mit seinem Flächeninhalt gegeben. Die gepunktete Linie der Aufgabe ist die gleiche Linie wie die Seitenkanten des Quadrates. Aus dem Flächeninhalt lässt sich die Seitenlänge errechnen. Sie beträgt somit 2 cm. Die weiterführende Linie ist 1.5mal so lang, also 3 cm. Die durchgehende Linie ist 6 cm lang. Die geometrische Konstruktion bezieht sich auf die Strahlensätze. Daher ergibt sich: 2/3=6/x. (/ bedeutet: verhält sich zu). Somit ist die gesuchte Linie 9cm lang.

(13 19) 2 10 5 = 11
1.(11 10) 7 5 18 =   +
2.(-4 16) 4 1 5 =
3.(18 7) 5 5 5 =
4.(41 -6) 7 7 10 =

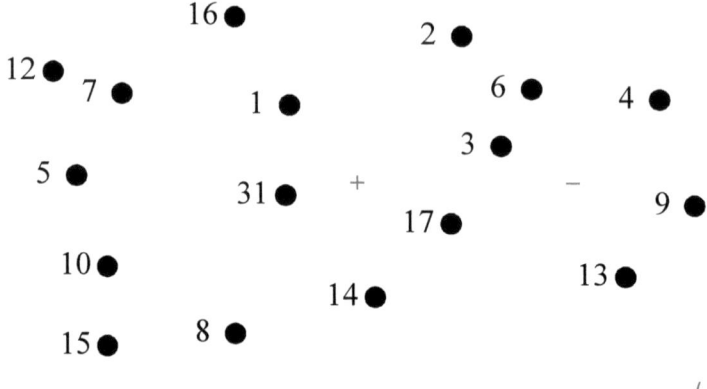

1. Es müssen 4 Zahlen markiert werden.	
2. Es müssen 4 Ergebnisse errechnet werden.	
3. Die erste Zeile zeigt was Sie tun müssen.	
4. Untersuchen Sie diese Seite genau.	
5. Die Reihenfolge zeigt die Nummerierung.	
Prüfung: Die Summe der 4 markierten Zahlen ist 36.	

Lösung: Auf der Seite sind 4 Rechenzeichen versteckt. Eines hinter der zweiten Zeile, 2 weitere Zeichen in dem Zahlenfeld und noch ein Zeichen unmittelbar über den Hinweisen. Diese Rechenzeichen verteilen Sie auf die erste Gleichung derart, dass das Ergebnis korrekt ist. Nun kennen Sie die Rechenschritte der weiteren Aufgaben. Die Ergebnisse sind:
(11+10)/7-5+18=16 | (-4+16)/4-1+5=7 | (18+7)/5-5+5=5 | (41+-6)/7-7+10=8
Markieren Sie die Zahlen entsprechenden der Nummerierung (1. 2. 3. 4.) und Sie zeichnen die Lösung für „links ist kleiner als rechts".

Feld P

Hinweis: Ein gleichschenkliges Dreieck zeigt die Lösung.

Start	→	→	→	↘	→	→	↙	→	→	↘	↙	←	←	←	→	↘	↖
↓	↙	↙	↘	↙	→	↙	↑	↙	→	↗	↙	↙	↘	→	↘	↗	↖	↓	↙
↓	→	↓	↙	↓	↖	↑	←	↘	↑	←	←	↙	↘	↑	↗	↙	↑	↖	↓
→	↙	↙	↓	→	→	→	→	→	→	↖	↙	↑	←	←	←	↖	←	←	↓
↓	↘	→	↓	↖	↙	←	→	→	↘	↙	↙	→	↘	↘	↘	↑	↘	↑	↙
↓	←	↑	↓	↘	↖	↗	↓	←	↙	→	↗	→	↘	→	→	→	↗	↙	↖
↘	→	↓	↓	↘	↗	↖	↖	↙	↖	↙	↓	↑	↑	→	→	↘	→	→	↓
↗	↘	↙	↓	↑	↘	↙	↖	↗	↘	↗	↘	↑	↑	↘	←	←	←	↙	↙
↑	↘	↙	↓	↘	↖	→	→	↑	↗	→	↗	→	↘	↘	↘	↙	←	→	↖
↑	←	←	↗	↗	→	→	→	↗	↑	↓	↑	↗	→	→	→	→→	Ziel

1. Folgen Sie den Pfeilen.
2. Mehrere Wege erreichen das Ziel.
3. Einer der richtigen Wege zeigt die Lösung.
4. Suchen Sie das Dreieck mit 16 Feldern.
5. Beginnen Sie mit einem diagonalen Pfeil.
Prüfung: Die längste Seite des erzeugten Dreiecks befindet sich in der vierten Zeile.

Lösung: Ein Pfeil deutet immer auf das nächstgelegene Feld mit einem weiteren Pfeil. Folgen Sie den Pfeilen um den vorgegebenen Weg zu finden. Einige Wege führen vom Start zum Ziel. Einer davon zeichnet eine markante Figur. Er beginnt bei Zeile 2 / Spalte 4. Wenn Sie die Felder auffällig markieren, dann erkennen Sie am Ende eine gleichschenkliges Dreieck mit Richtung unten, was wie das Zeichen für „oben ist größer als unten" zu deuten ist. Der Hinweis beschreibt diese Figur. Die Oberkante befindet sich in der vierten Zeile und erstreckt sich von Spalte 4 bis Spalte 12. Von den beiden Endpunkten laufen 2 diagonale Linien nach unten aufeinander zu.

Feld Q

Addieren Sie die vier **fetten Zahlen.**

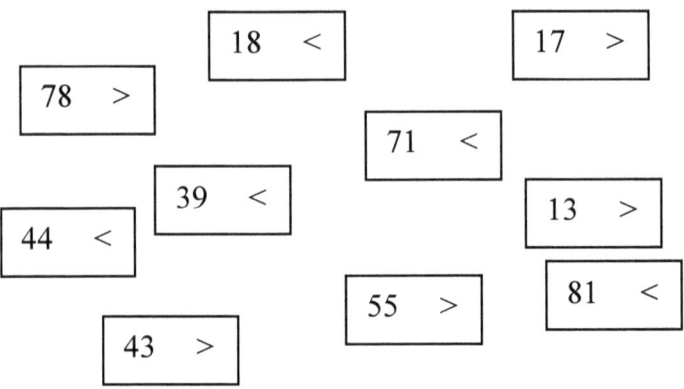

| 1. Achten Sie auf die Schriftform. |
| 2. Jedes Zeichen ist einer Summe zugeordnet. |
| 3. Eine Summe zeigt das richtige Zeichen. |
| 4. Suchen Sie fette Zahlen. |
| 5. Die Zahlen sind irgendwo im Buch. |
| Prüfung: Sie bilden die Summe aus 3 Primzahlen und einer geraden Zahl. |

Lösung: Zuerst müssen Sie die fetten Zahlen finden. Betrachten Sie die Seitenzahlen. Auf den Seiten 5, 11, 16 und 23 sind die Seitenzahlen fett gedruckt. Aufgrund der Anzahl 4 können Sie eventuelle Fehler verhindern. Beispielsweise werden Sie nicht zusätzlich die fetten Zahlen der Seiten 3 und 4 verwenden. Außerdem sind auf diesen Seiten 6 Zahlen im Text vorhanden, weshalb diese als Zahlengruppe für das Rätsel nicht in Frage kommen. Die Summe aus den richtigen Zahlen ist 55. Bei der 55 ist das richtige Zeichen „links ist größer als rechts" zu finden.

I, 8, II, 69, 88, 96, IOI, III, FELD R

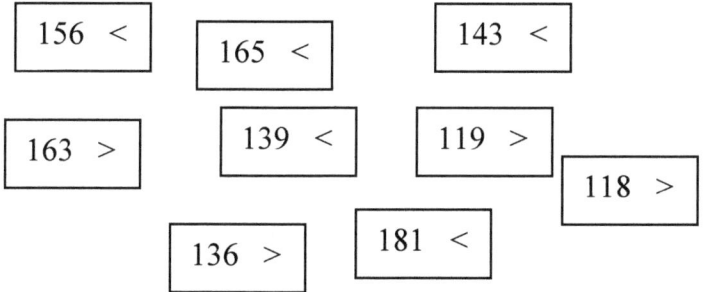

1. Die Zahlenfolge beruht auf einer bestimmten Regel.
2. Schauen Sie sich das graue Rechteck genau an.
3. Was ist in dem Rechteck gestrichen?
4. Suchen Sie das graue Rechteck im Buch.
5. Die besondere Schriftform der Zahlen ist wichtig.
Prüfung: Die Quersumme ist 10.

Lösung: Die Zahlen können auch über Kopf gelesen werden und verändern ihren Wert dadurch nicht. Das graue Rechteck ist der Textblock „Beachten Sie" von Seite 4. Dort ist die entsprechende Regel gestrichen. Dieser Hinweis sollte Sie auf die richtige Spur bringen. Die nächste Zahl wäre die 181 mit dem Lösungszeichen für „links ist kleiner als rechts".

E, Z, D, V, F, S, x1, x2

x1	x2	
M	I	>
S	A	<
E	D	>
Z	A	<

1. x1 und x2 müssen ersetzt werden.

2. Führen Sie die Buchstabenreihe fort.

3. Das sind Anfangsbuchstaben.

4. Anfangsbuchstaben für Worte einer anderen Reihe.

5. Zahlenreihe

Prüfung: Die Summe der beiden Buchstaben ist 20.

Lösung: Es handelt sich um die Anfangsbuchstaben der Zahlen 1, 2, 3, 4, 5, 6. Somit sind die nächsten Buchstaben S (7) für x1 und A (Acht) für x2. In der Tabelle können Sie hinter SA das Lösungszeichen für „links ist kleiner als rechts ablesen".

Feld T

Hinweis: T1, T2 und T3 müssen Sie zuerst lösen.

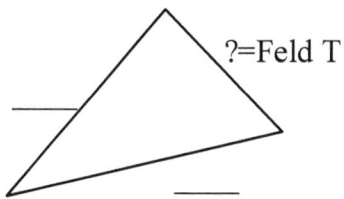

?=Feld T

U=

/

1. Die Zeichnung ist nicht maßstabsgetreu.
2. Ordnen Sie die 3 Lösungszahlen richtig zu.
3. U ist eine Bezeichnung der Geometrie.
4. Der Umfang muss die höchste Zahl sein.
5. Alle Seiten in Summe ergeben den Umfang.
Prüfung: Die Lösung ist eine Primzahl.

Lösung: Die Lösungszahlen 4, 7, 14 müssen sinnvoll in das Dreieck eingebunden werden. Der Umfang muss die höchste Zahl sein. Dieser ergibt sich aus den drei Seiten. Da die beiden bekannten Seiten zusammen 11 lang sind, ergibt sich eine Länge von 3 bei der Lösungszahl.
Auf Einheiten wurde bewusst verzichtet, damit die Lösung weniger klar erscheint. Sie wären auch nebensächlich.

Zahl T1

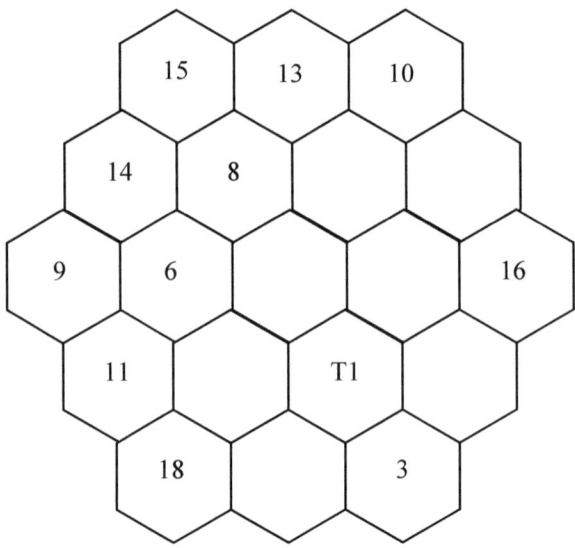

1. Welche Zahlen müssen noch verteilt werden?

2. Alle Zahlen bis 19.

3. Erkennen Sie ein System?

4. Summenbildung

5. gerade Linien

Prüfung: Die Quersumme ist 7.

Lösung: Auf die Sechsecke müssen die Zahlen 1-19 verteilt werden. Die Summe in den geraden Sechseckreihen (waagerecht und beide diagonale Ausrichtungen) muss immer 38 ergeben. Das ist aus den vollständigen Reihen zu schließen. Die Zahlenverteilung: 2.Zeile: 4,12 / 3.Zeile: 5,2 / 4. Zeile: 1,7,19 / 5.Zeile: 17.

Die Lösung für T1 ist somit 7.

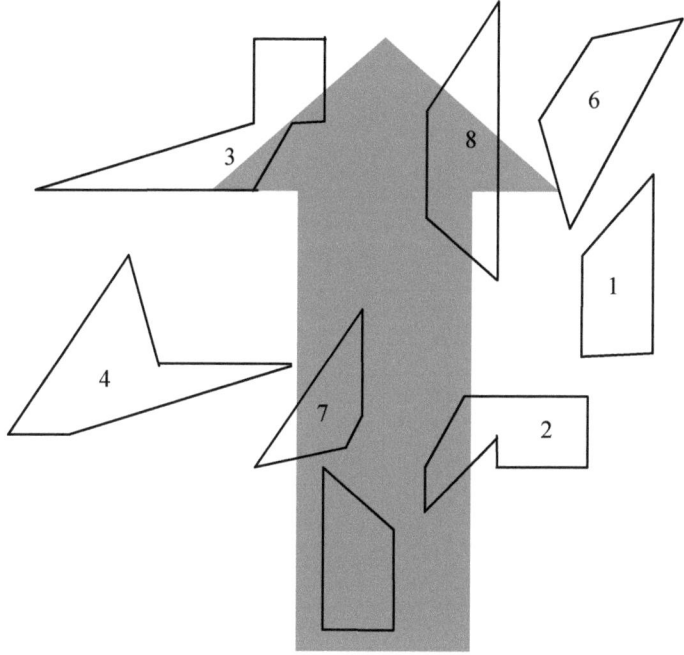

1. Der Pfeil ist ein wichtiger Hinweis.
2. Vervollständigen Sie die Nummerierung.
3. Kinder würden eher wissen was zu tun ist.
4. Denken Sie an ein Puzzle.
5. Die Nummerierung und der Pfeil sind Hilfsmittel.
Prüfung: Die Lösung hat im Inneren ein rechtwinkliges Dreieck.

Lösung: Das ist eine Puzzleaufgabe. Anhand des Pfeiles kann die Nummerierung von unten nach oben hergeleitet werden. Die Zuweisung von Feld 5 ist zu schlussfolgern, da die Zahlen fortlaufend sind. Setzen Sie die Felder richtig zusammen und beginnen Sie unten mit Feld 1. Wenn Sie fertig sind erkennen Sie das Bild. Es ist die Lösungszahl 4.

Zahl T3

Lösungszahlen: 0, 1, 2, 3, 4

$$\underline{\quad} + \underline{\quad} + \underline{\quad} + \underline{\quad} = T3$$

			Zahlen kleiner als 4	Differenz Nachbarn gleich	Differenz Nachbarn gleich
Differenz Nachbarn gleich					
Produkt = 0	+				Summe = 12
Primzahlen					Nachbarn ungleich
2 Paar	+				
Summe = 9		+	+		
Produkt ≠ 0			Summe= 7	jede Zahl einmal	

1. Manche Felder sind mit einem Rechenzeichen versehen.
2. Zeilen und Spalten haben Hinweise für die Lösungszahlen.
3. Beginnen Sie mit der vierten Spalte.
4. Hinweise zur vierten Spalte geben die Produkte.
5. Die kleinste Primzahl ist die 2.
Prüfung: Die Quersumme ist 5.

Lösung: Lösen Sie das Zahlenrätsel wie folgt auf:
Zeile1: 4,4,0,4 / Zeile 2: 2,3,2,3 / Zeile 3: 4,4,2,2 / Zeile 4: 2,3,3,1
Die Felder mit dem „+" zeigen die Zahlen der Lösungsgleichung. Die Aufgabe lautet: 4+4+3+3= 14

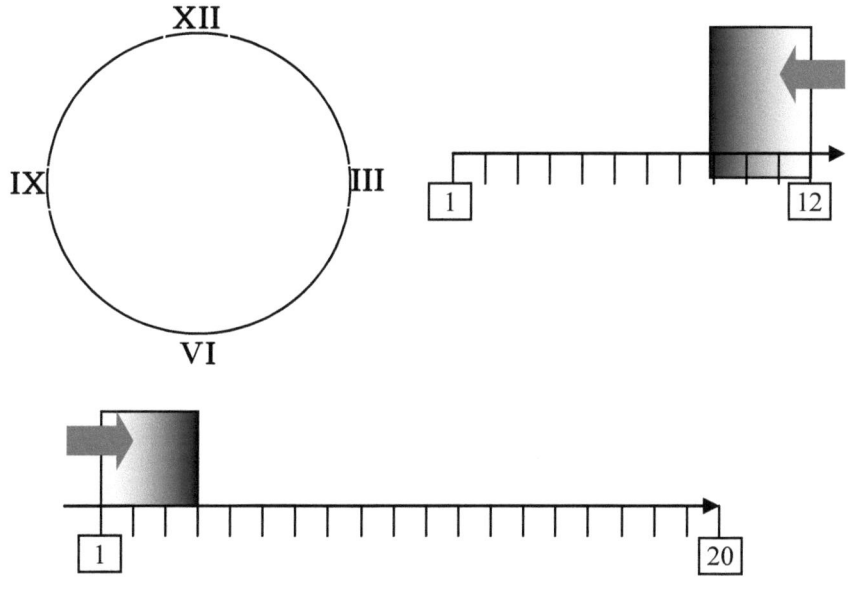

1. Eine analoge Uhr ist abgebildet.
2. 2 Grafiken für Stunden und Minuten.
3. 24/20 wäre eine uneffektive Umrechnung.
4. 3 Minuten sind ein Strich.
5. Zeichnen Sie die Zeiger ein und erkennen Sie die Lösung.
Prüfung: Die Summe der Zahlen der Uhrzeit (12 Stundenanzeige) ist 7.

Lösung: Der Kreis ist die Abbildung einer analogen Uhr. Das muss erkannt werden. Die Grafik mit der Skala bis 20 steht für Minuten und die andere für Stunden. Der dicke graue Pfeil zeigt das Vergehen der Zeit an. Lassen Sie sich nicht vom Pfeil des Zahlenstrahls irritieren. Somit ermitteln Sie die Lösungszeit: 4:12 Uhr. Wenn Sie die Zeiger einzeichnen, dann erkennen Sie sie das richtige Symbol für „links ist kleiner als rechts". Das Überstehen der Pfeile deutet an, dass die Skalierung jeweils bei 1 beginnt und nicht bei 0. Sollten Sie dies nicht beachten, wäre Ihre Lösung 15:09 Uhr. Das ist zwar nicht ganz korrekt, deutet aber auch auf das gleiche Lösungszeichen.

Feld V

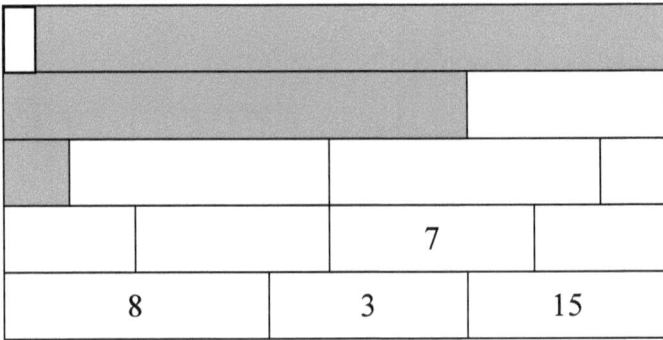

$(\_\_\_ - \_\_\_) / \_\_\_ = \text{Feld V}$

1. Lösen Sie die Zahlenfelder systematisch auf.
2. Arbeiten Sie sich von unten nach oben.
3. Die Hälfte von 8 ist 4.
4. Jede Zeile hat die gleiche Summe.
5. Arbeiten Sie mit Teilen von Zahlen.
Prüfung: Die Summe der richtigen Lösungszahlen ist 42.

Lösung: Tragen Sie in das überliegende Feld immer die Zahl ein, welche den Anteil der darunterliegenden Zahl anhand ihrer Zelle vereint. In der zweiten Zeile gehört zur Zelle links außen die 4, da das Feld die Hälfte des Feldes von 8 ist. Daneben befindet sich Feld 5. Es ist die Summe aus der Hälfte von 8 und einem Drittel der Zahl 3. Führen Sie dies fort und Sie erhalten die Lösungszahlen 2, 15, 25. Es gibt für eine brauchbare Lösungszahl nur eine Anordnung der Zahlen in der Gleichung: (25-15)/2=5
Zahlenverteilung. 1 Zeile: 1, 25 / 2. Zeile: 15, 11 / 3.Zeile: 2,7,12,5 /
4. Zeile: 4, 5, 7, 10

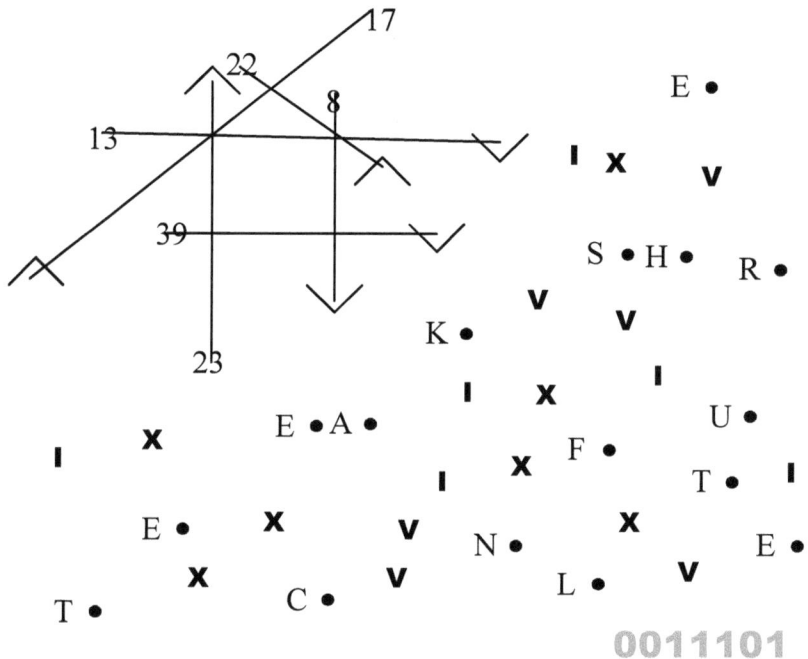

0011101

1. Erkennen Sie die Figur.
2. Was bilden die Strecken ab?
3. Verbinden Sie die richtigen Buchstaben.
4. Die Lösungszahl ist eine römische Ziffer.
5. Die Strecke zeigt das richtige Zeichen.

Prüfung: Das gezeichnete Dreieck entsteht durch das Verbinden von 4 Buchstaben. Anfang und Ende kreuzen sich.

Lösung: Die Linien zeichnen ein Haus. Das muss erkannt werden. Suchen Sie die Buchstaben des Wortes Haus und verbinden Sie diese entsprechend der Reihenfolge der Buchstaben. Im Inneren des Dreieckes sind die Zahlen X, V, I und I abgebildet. Es gibt nur eine mögliche Kombination um alle Zeichen zu verwenden. Es ist XVII für die 17. Die Strecke der 17 deutet auf das Lösungszeichen für „unten ist größer als oben".

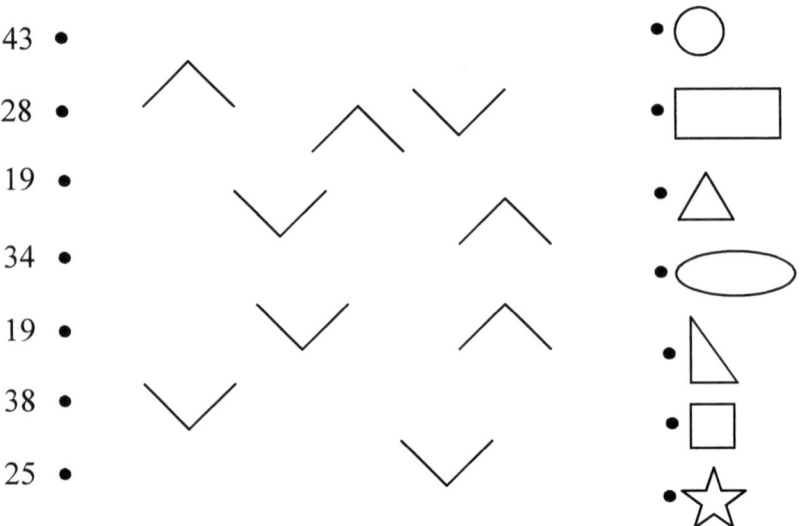

43 •

28 •

19 •

34 •

19 •

38 •

25 •

| 1. Ziehen Sie die richtige Linie. |
| 2. Verbinden Sie die richtigen Punkte. |
| 3. Ein Zeichen ist markiert. |
| Prüfung: - |

Lösung: Verbinden Sie die 34 mit dem Quadrat. Das richtige Symbol wird direkt von der Linie gekreuzt. Es ist das Zeichen für „oben ist größer als unten".

In vielen Codes und Rätselaufgaben wird die Lösung

sehr versteckt geliefert. Vermeintlich eindeutige
Hinweise führen häufig in die Irre. Es ist daher wichtig
sich auf Kleinigkeiten zu konzentrieren. Denn die
Lösung steht nicht selten zwischen den Zeilen. Es hilf

dann auch eine kurze Pause. Danach kann man wieder
frisch und kreativ an die Arbeit gehen.

1. Der Inhalt des Textes sagt viel aus.
2. was fällt Ihnen optisch am Text auf?
3. Sind die Leerzeilen sinnvoll?
4. Es gibt 2 verschiedene Abstände zwischen den Zeilen.
5. Binärdcode
Prüfung: Die Quersumme ist 7.

Lösung: Die Zeilenabstände stellen einen Binärcode dar. Eine Leerzeile
dazwischen steht für 1 und keine Leerzeile für 0. Es ergibt sich der Code:
100010 für die Lösung 34. Es könnte passieren, dass Sie den Code auch
entgegengesetzt notieren. In diesem Fall würden Sie auf die Zahlen 010001
für 17 kommen. Da diese Zahl unter X nicht vorhanden ist kann sie auch nicht
die richtige Lösung sein.

Zeichen X2

Hinweis: Es ist Winter und 15 Uhr. Dies ist die Draufsicht einer Scheibe mit einer grauen dünnen Säule in der Mitte. Die Säule markiert das Symbol.

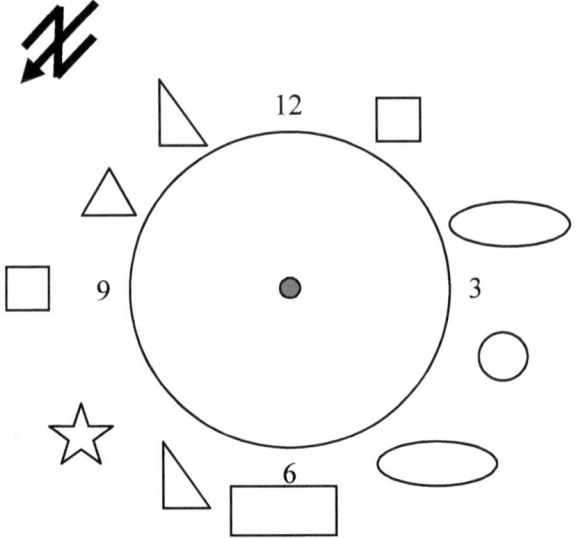

1. Die Säule wirft einen Schatten.
2. Sie kennen die Himmelsrichtung.
3. Mit der Uhrzeit und der Sonne kann man die Himmelsrichtung ermitteln.
4. Mittig zwischen dem kleinen Zeiger und der 12 ist Süden.
5. Woran richtet man den kleinen Zeiger aus?
Prüfung: Die Schattenlinie kreuzt auch eine Zahl.

Lösung: Wenn Sie zur Winterzeit die Himmelsrichtung mit der Uhrzeit ermitteln wollen, dann richten Sie den kleinen Zeiger einer analogen Uhr direkt auf die Sonne. Süden befindet sich nun genau zwischen der Zwölf und dem kleinen Zeiger. Im Rätsel kenne Sie Süden und die Uhrzeit. Entsprechend kommt die Sonne genau aus Richtung der 3. Der Schatten der Säule fällt somit auf das Quadrat.

Feld Y

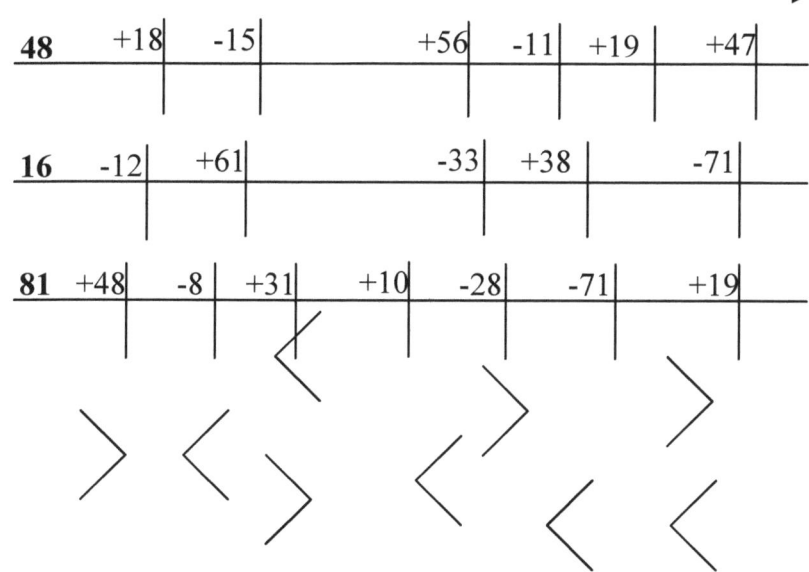

| **48** | +18 | -15 | | +56 | -11 | +19 | +47 |

| **16** | -12 | +61 | | -33 | +38 | | -71 |

| **81** | +48 | -8 | +31 | +10 | -28 | -71 | +19 |

1. Ermitteln Sie das fette Ergebnis mit der Kettenaufgabe.
2. Jede Kettenaufgabe endet an einem wichtigen Punkt.
3. Sehen Sie auf Seite 3 nach.
4. 3 Punkt liegen auf einer Linie.
5. Zeichnen Sie eine Gerade durch 3 Punkte.

Prüfung: Ihre Linie kreuzt die Linien der Zahlen mit der Summe -34 und ein Symbol.

Lösung: Hinter jeder fett gedruckten Zahl befindet sich eine Folge von Zahlen mit Rechenzeichen. Errechnen Sie die fett gedruckte Zahl in Pfeilrichtung. Die 48 erhalten Sie bei -11. Die 16 erreichen Sie bei -33. Die 81 erreichen Sie bei +10. Verbinden Sie diese 3 Punkte und führen Sie die Gerade nach unten fort. Das deutet auch der Hinweis auf Seite 3 an. Sie kreuzt das Lösungssymbol für „links ist größer als rechts".

- 53 -

Feld Z

Hinweis: Die Regel „Punktrechnung geht vor Strichrechnung" entfällt. Lösen Sie Z1.

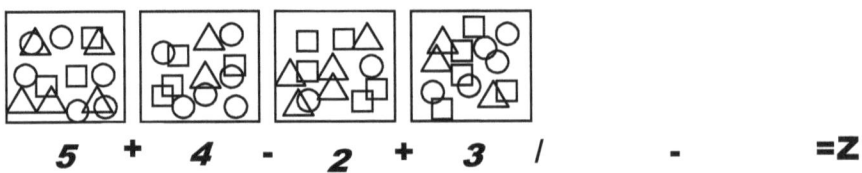

$$5 + 4 - 2 + 3 / \underline{\quad} - \underline{\quad} = Z$$

1. Die Zahlen folgen einem Muster.
2. Die Zahlen ergeben sich aus den Figuren.
3. Es gibt 3 verschiedene Zeichen.
4. Die Division durch Null ist nicht definiert.
5. Z1 und das Buch zeigen die letzten beiden Felder.
Prüfung: Die Summe der Buchstaben (Position Alphabet) ist 63.

Lösung: Im ersten Feld gibt es 5 Dreiecke. Im zweiten Feld gibt es 4 Quadrate. Im dritten Feld gibt es 2 Kreise. Im vierten Feld gibt es 3 Dreiecke. Darauf folgen wieder die Vierecke im fünften Feld und die Kreise im sechsten Feld. Auf dem Cover ist eine Zeichensammlung für die Aufgabe abgebildet. Da diese keine Quadrate hat kann sie nur an sechster Stelle eingereiht werden. An fünfter Stelle wird nämlich eine Division durchgeführt. Diese ist durch Null nicht definiert. Somit folgen 2 Vierecke (Z1) und 3 Kreise. Abschließend lautet die Aufgabe: 5+4-2+3/2-3=2 unter Beachtung des Hinweises.

A2→B4→C2→A2→A5→E5→E4→D4
→D7→G4→G7→B7→A8→B9→C8→
A8→A12→A15→D15→D12→A12→D9

/
1. zweidimensional
2. X-Achse und Y-Achse
3. Die Lösung ist geometrisch.
4. Verbinden Sie die Punkte.
5. Verbinden Sie die Punkte im Punktdiagramm.
Prüfung: Insgesamt erhalten Sie 5 Symbole für die Aufgabe.

Lösung: Es handelt sich um Koordinaten in einem Koordinatensystem.
Verteilen Sie die Buchstaben auf die x-Achse und die Zahlen auf die y-Achse.
Verbinden Sie nun die Punkte wie beschrieben. Sie erhalten 2 Vierecke und 3
Dreiecke. Natürlich können Sie die Buchstaben auch der Y-Achse und die
Zahlen der x-Achse zuordnen. Das Ergebnis bleibt gleich.

Auflösung des großen Zahlenrätsels

Erster Hinweis.

Eine Spalte von oben nach unten:

11 ist die Summe der ersten drei Zahlen.
Die sechste Zahl ist nicht der Nachfolger eines Nachbarn.
Die vierte und die fünfte Zahl haben eine Differenz von 5.
Gerade Zahlen sind keine Nachbarn.
Die fünfte Zahl ist das Dreifache der ersten Zahl.

Zweiter Hinweis.
Vergessen Sie nicht das gegebene Zeichen der letzten Spalte.

Lösung des Hinweises:
(Die erste Zahl verweist auf die richtige Spalte)

2,5,4,1,6,3,7

Auflösung

4	2	7	1 <	3	6 >	5
		∨				∧
1	5	6	4	2	3	7
					∨	
2 <	4 <	5	7	6	1	3
		∨				∧
6	1 <	2 <	3	7	5 >	4
			∨		∨	
7	6	3 >	2	5	4 >	1
				∧		
5	3	1	6	4	7	2
	∧					∧
3	7 >	4 <	5	1 <	2	6

Übersicht der Vorgaben

	2			<		>
		∨				∧
					∨	
<	<	5				
		∨				∧
<		<			5 >	
			∨		∨	
	3 >					>
				∧		
	∧					∧
	>		<		< 2	